मेरा सफरनामा

लक्ष्मी सिंह

ISBN 979-888503309-1

क्रम-सूची

क्रम-सूची

भूमिका

मेरा सफरनामा लिखने का मेरा बस यही मकसद था कि जब से मैनें होश संभाला तब से लेकर आज 22 साल की उम्र तक जीवन में घटित होने वाली घटनाएं समाज मे होने वाली कुरीतियाँ इन सभी चिजो को मैने देखा तो मेरे मन में ये विचार आया कि क्यूँ ना इन सब को अपने लेखन के माध्यम से समाज के समक्ष इसे प्रस्तुत किया जाये और लोगो को ये बताया जाये कि वो जो कुछ भी कर रहे वो गलत है क्योंकि मानव जीवन का उद्देश्य है ईमानदारी ना कि बलात्कारी और भ्रष्टाचारी। अब मुद्दा ये है कि इस पर रोक कैसे लगाया जाये, किसी को उपदेश देना आसान है परन्तु स्वयं के अन्दर परिवर्तन करना उतना ही कठिन है तो उपदेश देने से बेहतर है परिवर्तन किया जाये अपने विचारों का और जहाँ विचार परिवर्तित हुए वहाँ सब कुछ अपने आप सही होने लगेगा। देश के महानुभावों ने देश को तो आजाद करवा दिया लेकिन विचारों की आजादी नहीं मिल पायीं आज तक।

लक्ष्मी सिंह

लेखिका का जीवन परिचय

लक्ष्मी सिंह का जन्म उत्तर प्रदेश के जौनपुर जिले के पूराबघेला गाँव में 7 नवंबर 1999 मे हुआ इनके पिता जी का नाम "श्री राजेश्वर सिंह" जो कि पेशे से एक किसान है और माँ का नाम "ऋतु सिंह" जो कि बाल विकास परियोजना के तहत शिक्षिका के रूप में कार्यरत हैं गाँव के विद्यालय से प्रारंभिक शिक्षा प्राप्त करने के बाद एम. एस इंटर कॉलेज

से 12वीं तक की शिक्षा प्राप्त की तत्पश्चात आर.एल पी.जी कालेज से स्नातक की शिक्षा प्राप्त की।

इनके दादा जी "स्व. मंगला प्रसाद सिंह (मंगलेश) " जी हिन्दी साहित्य के शिक्षक होने के साथ - साथ एक कवि और समाज सेवी भी थे।

लक्ष्मी को बचपन से ही लिखने का बहुत शौक था लेकिन इनके सपने कुछ और ही थे रेलवे में नौकरी करने का इनका सपना था बहुत कोशिशों के बाद भी ये सफल न हो सकीं फिर इन्होंने लिखना प्रारंभ किया और बहुत ही कम दिनों में अपनी एक अलग बना लीं इनकी पहली पुस्तक "स्याही के रंग" जिसे "लक्ष्मी सिंह" और "राकेश शर्मा" ने लिखा उस किताब ने

इंटरनेशनल बुक ऑफ वर्ल्ड रिकॉर्ड मे जगह बनायीं

इन्होंने 23 संकलन में सह लेखिका के रूप में कार्य किया और बहुत ही बेहतरीन प्रदर्शन रहा इनका क्योंकि लोगो को इनकी रचनाएँ काफी पसंद आयीं ये 86 सम्मान प्रमाण पत्रों द्वारा सम्मानित की जा चुकीं है भारत ही नहीं बल्कि पाकिस्तान और अफ्रीका के लेखकों के साथ भी कार्य किया और 2021 में सबसे ज्यादा उपलब्धियां कि जिसकी वजह से इनको अचीवमेंट आफ द ईयर का अवार्ड मिला।

मेरा सफरनामा महज़ पांच दिनों मे लिखा गया है

जहाँ का आचरण भ्रष्ट होता है वहाँ भ्रष्टाचार पनपता है और जहाँ भाई
- बहन पिता - पुत्री के रिश्तों की मर्यादा ना हो वहाँ बलात्कार को
बढ़ावा मिलता है क्योंकि हर रिश्ते की अपनी - अपनी मर्यादा होती है
और मर्यादा मे रह कर रिश्तों को निभाने से मर्यादाओं का कभी
ओलंघन नहीं होता

लक्ष्मी सिंह

1

जब से मैने होश संभाला और दुनिया को जाना तब से कुछ सवाल मेरे जहन में नश्तर सा चुभता आ रहा है कि नारी इतनी दुर्बल और अबला क्यों है? जबकि वेद, पुराण, आध्यात्म, तंत्र शास्त्र हर जगह नारी को सम्मान जनक स्थान दिया गया है हर तीसरे दिन अखबार के लिखा रहता है कि 13 साल की बच्ची का बलात्कार हो गया 15 साल की बच्ची को अगवा कर उसके साथ सामूहिक दुष्कर्म कर मार कर जंगल में फेंक दिया गया और अखबारों में छपे खबरों को पढ़ कर चाय की चुस्कियों के साथ लोग मजे लेते हैं तरह - तरह की बातें भी करते हैं लेकिन वो ये भूल जाते हैं कि उनके घर में भी बहन, बेटियां हैं और जो हादसा उस लड़की के साथ हुआ उस जगह उनकी भी बहन, बेटीयाँ हो सकती थी लेकिन ऐसी बातें कहां लोगो के समझ में आतीं है कुछ चाय की नुक्कड़ पर कुछ पान की दुकान पर बैठ कर यही बातें दिन भर करते रहते हैं ऐसी खबरें आग की तरफ फैलती है और कुछ तो मिडिया वाले मिर्च मसाला लगाकर दिखाते है जिस लड़की ने पहले ही अपनी इज्जत गंवा दी है उसका सहारा बनने के बजाय लोग उसे कोसते फिरते हैं कोई उस पीड़ित की पीड़ा समझने वाला नहीं रहता । वो एक अंधेरे कमरे में बैठी हुई आंसू बहाती रहती है लेकिन उसके आंसूओ को पोछने तक कोई नहीं आता अगर लड़की कमजोर दिल की है तो वह खुद को ही खत्म कर देती है क्योंकि इस सदमे को वह बर्दाश्त नहीं कर पाती है और वही लड़की अगर मजबूत दिल की है और पक्के इरादों की, तो वही दुर्गा अवतार लेकर दुष्टों का संहार करती है नारी कमजोर नहीं है लेकिन समाज में रहने

वाले दरिन्दे उसे कमजोर बनाते जा रहे हैं छोटे कपड़े पहनने से ऐसा हुआ चलो कुछ पल के लिए ये भी मान लिया लेकिन 8 महीने की बच्ची तक को नही छोड़ा गया उसका क्या कुसूर था उसके लिए कौन सी साड़ी आती उसे उसकी माँ कौन सा सूट पहनाती

"जुबां खामोश रही
आखों ने सब कुछ बंया कर दिया
सिसकती रही रात के अंधेरों में
दरिन्दों ने उस मासूम की मासूमियत को
कुछ इस तरह था कुचला
खिलाफ था हर शख्स लड़कियों के
कि छोटे कपड़े पहनकर निकलतीं थी वो घर से
क्या कोई बतायेगा कि
8 महिने की बच्ची ने क्या था जुर्म किया "

क्या ऐसे विचार आप सभी के मन में कभी आया अगर आया तो क्या आप सभी ने कभी भी अपने विचारों को समाज के समक्ष रखा??
मैं बताती हूँ ऐसा क्यों नहीं किया किसी ने क्योंकि आप सब के मन में हमेशा एक भय बना रहता है कि आप सभी की भी बहू, बहन, बेटियां हैं कहीं उनके साथ न ये हादसा हो जाये हमारी इज्जत न चली जाये ये सब सवाल आप सब लोगों के दिल और दिमाग में भय पैदा करता रहता है समय- समय पर परन्तु ऐसे विचार रखने वाले ही व्यक्ति इन कुकर्मों को बढावा देने का कार्य करते हैं अपनी बेटी की इज्जत, इज्जत है और दुसरो के बेटी की इज्जत, इज्जत नही है
क्या उसका कोई अस्तित्व नहीं है?
क्या वो समाज में रहने योग्य नहीं है?
क्या उसे अपने भविष्य को उज्जवल बनाने का अधिकार नहीं है?

2

मैंने उस बूढ़ी माँ को देखा है जिसके दो बेटे थे उस माँ ने लोगों के घरों में जूठे बर्तन धूले सड़कों पर सफाई और मेहनत करके बच्चों को पढ़ाया लिखाया और जब वो बच्चे अपने पैरों पर खड़े हो गये और पत्नी आते ही बेटों ने ये कह दिया कि माँ तुमने हमारे लिए किया ही क्या है हम अगर कामयाब हुए है तो अपनी मेहनत से हुए है तुम्हारा कोई योगदान नहीं रहा।

एक बार सोच कर देखो कैसा लगता है क्या गुजरती होगी उस बूढ़ी माँ पर जिसने अपना पुरा जीवन अपने बच्चों के ऊपर न्यौछावर कर दिया आज वही लोग इतने बुरे शब्दों में माँ जैसे पवित्र शब्द को कलंकित कर रहे हैं।

"कलेजा फट सा गया उस बूढ़ी माँ का
ऐसा शब्द सुन कर
   आज फिर एक माँ की परवरिश शर्मशार हुई
उसने दुध नहीं दुध के रूप में अपना रक्त पिलाया था
   आज आंखों से आंसूओ की जगह
वो रक्त गिरने लगे"

किन शब्दों में माँ शब्द को परिभाषित किया जाये समझ नहीं आता ना जाने क्यों मां को इतनी पीणा दी जाती है जिसने तुम्हे सांसे दी है क्यो तुम उसकी सांसें छिनने पर लगे हो नौं महीने जिसे गर्भ में रखती है अपने रक्त से सींचती है वही संतान ऐसा कर देते हैं वो माँ सोई नहीं रात

भर आंखों से आंसू बहते रहे और सोचती रही मेरे त्याग और बलिदान का ये सिला मिला मुझे।

सुन कर या आंखों के सामने ऐसी घटनाओ को देख कर हृदय की गति रूक जाती है और मष्तिक काम करना बन्द कर देता है और शरीर निर्जीव वस्तु की भांति हो जाता है।

जिसने माँ के भावनाओं की कद्र नही की, माँ के ही अन्दर स्वर्ग नहीं देखा, माँ मे परमात्मा की झलक नहीं देखी वो इंसान ,इंसान नहीं जानवरों से भी बदतर जीवन जीता है।

3

अब बात करते हैं उन महिलाओं की जो ससुराल वालों से या पति द्वारा प्रताड़ित कि जाती है ऐसे मलिन विचारों वाले पुरुषों को ये बात क्यों समझ मे नही आती कि एक लड़की अपना घर, माँ, बाप, भाई, बहन सब कुछ त्याग कर इतनी दूर बस तुम्हारे भरोसे आती है तुम्हारे लिए तो अभिन्दनीय होनी चाहिए लेकिन तुमने तो उसे निन्दनीय बना दिया कितने दुःख की बात है जिसे पूजा जाता है उसे प्रताड़ित किया जा रहा ना जाने कितने मलिन विचार के लोग होते जा रहे हैं शायद यही कलयुग है।

दिन भर सास ससुर की तानाशाही और रात को पति की मार को सहते हुए भी वो मुस्काते हुए सबके सामने खड़ी रहती है क्योंकि वो अपने संस्कारो का परिचय देती है शादी से पहले हर माँ अपने बेटी को यही सीखा कर विदा करती है कि

"डोली मायके से उठी है

और अर्थी ससुराल से ही उठनी चाहिए"

और लड़की माँ को दिये हुये वचन से बंधी रहती है वो सब कुछ सहती रहती है और एक दिन दहेज के नाम पर उसे जिन्दा जला दिया जाता है या फिर घर से निकाल दिया जाता है।

हर लड़की का सपना होता है कि उसकी शादी अच्छे इंसान से हो लेकिन जब हमसफ़र ही गद्दार निकल जाये तो किसी और को क्या कहना।

"जल के राख होते हुए देखा है मैने उन रिश्तों को जिनमें लोग सात फेरो

के साथ सात जन्म रहने की कसमें खाते है "

ना जाने कितने ख्वाब लिए आखों में वो आती है अपने ससुराल लेकिन वहा उसे जिंदगी की हकीकत से रूबरू करवाया जाता है फिर उसे मायके की याद सताने लगती है और अपना बिता कल याद कर के कभी रोती है कभी हंसती हैं यही सोचती रहती है कि काश वो बिता हुआ कल वापस लौट आता तो एक मैं एक बार फिर खुले आसमान के निचे बैठ कर सपने देख पाती।

"वो गुजरा हुआ लम्हा कभी लौट कर न आया
डूबी जो कश्ती तो किनारा न नजर आया
        वो जो ख्वाबों का आसमां देखा था कभी
ख्वाब इस कदर टूटे कि हर रोज मैने खुद को
बिखरता हुआ पाया
        शादी के नाम पर ऐसा छलावा किया गया
कि मैंने अपनी ही उम्मीदों को अपने दिल में
हर रोज है दफनाया"

        हर रोज की किच-किच को सहते-सहते जब वो थक जाती है या तो शान्त रह कर सब कुछ सुनते हुए अनसुना कर देती है या फिर कहीं दूर जाकर अपने जीवन की नयी शुरुआत करने की कोशिश करती है लेकिन ऐसा हो नहीं पाता। अगर वो एक माँ है तो उसे अपने बच्चें के लिए रूकना पड़ता है उसके उज्जवल भविष्य के लिए उस वक्त उस बच्चे को उसके पिता की ज्यादा जरूरत रहती है क्योंकि हमारा समाज पुरुष प्रधान देश है जहाँ एक संतान को नौ महीने एक महिला अपने गर्भ में रखती है परन्तु जब वो इस दुनिया में आता है तो उसे उसके पिता के नाम से जाना जाता है न कि माँ के नाम से इसी कारणवश वो मजबूर होकर वहाँ रहती है सब कुछ सहते हुए।

ये हर तीसरे घर की कहानी है जिसे मैंने शब्दों में बंया किया है समाज मे घटित होने वाली घटनाओं को मैंने बहुत ही बारीकी से समझने की कोशिश की है लिखना बहुत आसान है लेकिन किसी के दर्द को समझना उतना ही कठिन।

कुछ दहेज लोभी है जो शादी को शादी नहीं व्यापार बना कर रख दिये है

शादी के नाम पर अपने लड़के को गिरवी रख दे रहे 10 लाख रुपये मांग कर

शादी के बाद अगर किसी पुरुष के जीवन में "परस्त्रीगमन" हो तो एक पत्नी कभी भी इस बात को स्वीकार नहीं कर सकती क्योंकि वो सब कुछ बर्दाश्त कर सकती है लेकिन अपने सिन्दूर का बटवारा नही।

"एक पतिव्रता स्त्री के लिए उसका पतिव्रत धर्म ही सर्वोपरि होता है"

ये हर तीसरे घर की कहानी है जिसे मैंने शब्दों में बंया किया है समाज में घटित होने वाली घटनाओं को मैंने बहुत ही बारीकी से समझने की कोशिश की है।

लिखना बहुत आसान है लेकिन किसी के दर्द को समझ पाना उतना ही कठिन है अगर महिलाओं को आजादी दी गई है तो उतना ही उन पर जुल्म किया जाता है कितने शर्म की बात है महिला पर हाथ ऊठाना, उन्हें पिटना, गालियाँ देना और समाज के सामने चिकनी चुपड़ी बातें कर के अच्छे बने रहना परन्तु लोग ये भूल जाते हैं कि दुनिया में ईश्वर भी है जो हर एक सेकेंड का हिसाब रखते हैं कर्मों के आधार पर व्यक्ति के द्वारा किये गए अपराधों का दण्ड निश्चित करते हैं।

इन सब बातों को मैंने कभी किसी से कहा नहीं कि मैं क्या सोच रहीं हूँ मुझे कितना फर्क पड़ता है लेकिन ये सब बातें बहुत ही गहराई से मेरे दिमाग पर असर करतीं थीं और मुझे एक मानसिक रोगी बना चुकीं थी हर पीड़ित महिला की जगह मैंने खुद को रख कर देखा उनके जख्मों को महसूस करने की कोशिश की है। कितनी तड़प, बेचैनी, बेबसी, लाचारी, मजबूरी, सामने होती है ये तो वही महिला समझ सकती है जो इस दौर से गुजर रही हो या गुजर चुकीं हो हमारा क्या है हमने तो उसे महसूस करके उसे कागज़ के पन्नों पर उतारने की कोशिश की है।

"कभी - कभी तो कलम भी मंजूरी नही देती इस वेदना को लिखने के लिए, कभी-कभी वो खुद रो पड़ती है लिखते-लिखते"।

4

आज की नई पीढ़ी प्रेम मे लिप्त है लोग प्रेम को बंधन में बांध रहे जबकि सत्य तो यह है कि जहाँ प्रेम मे बंधन हो वहा "मोह" है और जहां पर आजादी हो हमारे विकास की ओर हमें अग्रसर किया जाता हो वहाँ "प्रेम" होता है।

लेकिन लोग मोह को ही प्रेम समझ बैठे है लोगों के अनोखे वादे - तुम नहीं मिले तो मर जायेंगे हम।

अरे साहब वो प्रेम ही क्या जो तुम्हे मरने को बेबस कर दे

प्रेम जीना सिखाता है

मुस्कुराना सिखाता है

और जीवन जीने की उम्मीद को जगाता है

प्रेम निष्प्राण व्यक्ति मे प्राण डाल देता है

प्रेम इतना प्राणवान है मैंने इस प्रेम को बहुत करीब से देखा है महसूस किया है।

प्रेमी अगर न मिले तो लोग आत्महत्या कर ले रहे लेकिन मृत्यु आखिरी विकल्प नहीं है किसी समस्या का और प्रेम के नाम पर की गई आत्महत्या, आत्महत्या नही बल्कि प्रेम की हत्या है।

प्रेम वक्त गुजारना का साधन बन चुका है लोगों के ब्रेकप ज्यादा हो रहे हर कोई टूटा हुआ दिल लेकर बैठा है और उसी दर्द के साथ जीवन गुजार रहे शादी के बाद भी लोग धोखे वाला प्रेम नहीं भूल पा रहे प्रेम, प्रेम नहीं व्यापार बन कर रह गया है।

कुछ पल का वक्त गुजारने के लिए किसी के जज्बातों के साथ खेलना

किसी का जीवन बर्बाद करना ये मानवता के खिलाफ है।

"अस्ल को मेरी पैरों तले रौंद कर वो
दर-ब-दर मेरा अस्काम करते रहे वो
बेबस रही मैं उनके आगे
आतिश मे रख कर मुझे जलाते रहे वो
एक इज्तराब सी रहती मेरे मन में
ना जाने क्या समझ कर मुझपे इख्तियार
जताते रहे वो
अन्जाने में एक असीम का सहारा लिया मैने
फिर भी मुझे इल्ताफ पहुचाते रहे वो
आंधियाँ चलने लगी कुछ यूँ ही उस रोज
आब- ए- तल्ख अपने हाथों से मुझे पिलाते रहे वो
सांसे यूँ ही नहीं रूकि मेरी
कब्र में दफन कर मुझे मन ही मन मुस्कुराते रहे वो
जब एहसास हुआ अपनी गलतियों का उनको
तब मेरी तस्वीर को देख आंसूओ का सैलाब
बहाते रहे वो"

जिसकी राते आंसूओ के बीच गुजरती हो मन बेचैन रहता हो उससे पूछो प्रियतम से बिछड़ने का भय कितना भयंकर होता है प्रेम को प्रेम ही रहने दो मनोरंजन का साधन मत बनाओ मैंने बहुत लोगों को देखा है जो इस दौर से गुजर रहे है धोखे से किया गया प्रेम, प्रेम नहीं जहर के समान होता है।

शब्दों में कड़वाहट जरूर है लेकिन इस सत्य को झुठलाया नहीं जा सकता।

5

हाथो में मूंगफली की टोकरी पैरो में टूटी हुई चप्पल और बदन पर फटे पुराने कपड़े थे उस रोज मैने मानवता का चिरहरण होते हुए देखा था जब वो नन्हे बच्चे सड़क पर यहाँ वहाँ घूम रहे थे

"वो मासूम सा चेहरा नंगे पैरों से उस चिलचिलाती धूप में मूंगफली की टोकरी लेकर यहाँ वहाँ भटकता नजर आया

मैं स्तब्ध रह गई उसको देखकर कि कुछ पैसों के लिए उसने अपना बचपन है गंवाया

खामोश हो गई मेरी जुंबा उस वक्त, दीदी मूंगफली लेलो ये शब्द कह कर उसने जब मुझे बुलाया

आंसूओ से भरी आंखों से मैंने बेटा कह कर अपने
पास बैठाया

लिपटकर मैं उससे रोना चाहती थी अपने होने का एहसास उसे दिलाना चाहती थी लेकिन उस भीड़ में मैंने उसे खुद से दूर होता पाया

उस दिन मैं बहुत बेबस हो गई थी सफर मेरा खत्म हो चुका था,घर पहुंचने से पहले मैंने अपनी आँखों को बहुत समझाया"

मैंने करीब से देखा है उस मासूम को और आज भी उसकी यादें मेरे जहन में तब्दील है खेलने की उम्र में पेट की भूख ने उसे सड़कों पर ला खड़ा किया था किसी के हृदय में इतनी सी भी दया नहीं थी कि उसके पास जाकर कोई उसे कुछ खाने को दे सके, प्यार से दो शब्द बोल सके बल्कि बस चले तो उसके कटोरे मे रखा सिक्का लोग निकाल ले इतनी गिरी हुई सोच रखने वाला है ये समाज। घिन्न आती है मुझे ये कहने मे

कि मैं ऐसे समाज में रहती हूँ धिक्कार है हम सबके जीवन पर जहाँ एक मासूम के मासूमियत को समझने वाला कोई नहीं।

आखिर क्यूँ ?

गरीबी से लाचार था वो मासूम शायद कुछ सामाज के लोग और उसके माता पिता की गलती।

परन्तु सत्य यह भी है कि कोई व्यक्ति जन्म से भले ही गरीब हो सकता है लेकिन मेहनत कर के पैसे भी कमा सकता है फिर भी है कुछ लोग आज भी जो बिना मेहनत किये सब कुछ हासिल करना चाहते हैं और कुछ ना मिलने पर गरीबी को ही अपना भाग्य समझकर दुः खी होते हैं और पीड़ा के साथ अपना जीवनयापन करते हैं और साथ- साथ अपनी पत्नी और बच्चों का भविष्य भी बर्बाद करते हैं मासूम बच्चों को काम करने को मजबूर कर देते हैं।

मैने उस बच्चे से बहुत कुछ सीखा है कि कैसे वो मेहनत और इमानदारी से काम करता है बिना ये सोचे कि लोग क्या सोचेंगे परिस्थितियां चाहे जैसी हो लेकिन रूकना नहीं है क्योंकि "आज पसीना बहा है कल व्यक्तित्व निखर कर सामने आयेगा"

नहीं तो ऐसे ही नहीं एक चाय बेचने वाला आज प्रधानमंत्री बन कर पूरेदेश को चला रहा।

6

आज के युवाओं मे एक नया फैशन पनप रहा है राजनीति का अभी कदम लड़खड़ा ही रहे थे कि युवा छात्र नेता का चुनाव लड़ने लगे अपने भविष्य को संवारने के बजाय खुद को बर्बाद करने पर तुले हैं कब समझेंगे लोग कि आज के युवा कल का भविष्य है हमारे समाज के लिए।

लोग पढ़ लिख कर नहीं बल्कि नेतागिरी से अपना एक नाम बना रहे लेकिन वो ये नहीं समझ पा रहे कि उनका पढना कितना जरूरी है जब तक वो शिक्षित नही होंगे तब तक वो किसी और को शिक्षा नहीं दे पायेंगे लेकिन ये सब बाते कहा किसी को रास आती है आज के युवा तो मार - पीट गाली - गलौज, किसी लड़की का दुपट्टा खिंच लेना उनको घूरते हुए देखना उन पर टिप्पणी करना ये सब तो आम बातें हो चुकी है उनके लिए और कहीं ना कहीं लड़कियों को भी ये सब अच्छा लग रहा क्योंकि किसी लड़के के कुछ कहने पर कोई लड़की अब चुप रहने वाली नहीं है जमाना बहुत आगे निकल गया है और जो चुप है तो इसका मतलब वो भी मजे ले रही खुश है और किसी के छेड़छाड़ करने से उसे परेशानी नहीं है।

7

जिसे देखो वो जय श्री राम के नारे लगा रहा सोसल मिडिया पर अच्छी - अच्छी ज्ञानवर्धक बाते लिख कर पोस्ट कर रहा और खुद को कट्टर हिन्दू बता रहा मानों ऐसा लगता है कि वही लोग श्री राम है।

ऐसा करने वाले लोग राम के नाम का अस्तित्व मिटाने मे लगे हैं वो राम के नाम के सहारे सत्ता की रोटीयां सेक रहे राम को आधार बना कर राजनीति कर रहे

राम का नाम लेना कोई बड़ी बात नहीं राम भक्त लिख देना कोई बड़ी बात नहीं लेकिन राम को अगर मानते हो पूजते हो तो राम जैसा बनना होगा क्यूँकि राम ने कभी जातिवाद और धर्मनिरपेक्षता को बढावा नहीं दिया था।

जहाँ क्रोध, ईर्ष्या, द्वेष, निन्दा, भ्रष्टाचार, व्यभिचार, रक्त पिपासा और बलात्कार जैसी चीजें हो वहाँ राम नही होते

" राम की तरह सेबरी के जूठे बेर खा पाओगे क्या?

बिना भेद भाव किये केवट की नाव मे बैठ कर उस पार जा पाओगे क्या?

जिस राम के नाम की तुम माला लिए फिरते हो

उस राम की तरह तुम बन पाओगे क्या"?

8

करवा चौथ एक शौक बन गया है

बिस्तर पर पति हो और विचारों में कोई और
मांग मे सिन्दूर पति के नाम का हो और होठों की मुस्कुराहट कोई और
आंखो का सुरमा पति के लिए लगा हो लेकिन आंखों की चमक कोई और
जहाँ ऐसे विचार होते हैं वहा करवा चौथ क्या पूरे जीवन भी निर्जला व्रत
रख लो पति की उम्र नहीं बढ़ने वाली
जहा पति के लिए निस्वार्थ भाव से कि गयी सेवा इमानदारी हो,
सच्चाई,अथाह प्रेम, विश्वास हो वहाँ किसी व्रत की जरूरत नहीं होती
क्योंकि हमारे विचार ही फैसला करते हैं पति के जीवन का
जहाँ एक स्त्री के मनोभाव मलिन हो जाए वहा पति मौत के बहुत समीप
पहुंच जाता है क्योंकि एक विवाहित जोड़े के जीवन में परस्त्री या परपुरूष
का आगमन बर्बादी के द्वार खोल देता है

मेरी अनोखी प्रतिभा के कुछ अंश जो मेरे सफर में साथ रहे मुझे कविता, गजल और शायरी लिखने का बहुत शौक है मैंने किसी को नहीं पढ़ा है बल्कि मैने स्वयं का अध्ययन किया है मैंने खुद के ही अन्दर प्रेम, ईर्ष्या, क्रोध, मोह, और निन्दा को पढ़ा तब जाकर मैं अपने विचारों को एक नया मोड़ दे पायीं और अपनी कलम को नई पहचान दे पायीं हूँ मैंने लिखा है जरुर लेकिन इनमे मैं कहीं नहीं हूँ क्योंकि दर्द लिखने का मतलब यह नहीं कि दर्द से वास्ता हो।

जो हूँ मैं ही हूँ
मैं पाक हूँ
मैं साफ हूँ
मैं खुदा की दी हुई वो कायनात हूँ
मैं गीता हूँ
मैं ही कुरान हूँ
मैं राम - रहीम का फरमान हूँ
       मैं वेद हूँ
मैं पुराण हूँ
मैं ईश्वर की आवाज हूँ
मैं इस सृष्टि का आगाज हूँ
       मैं जन्मदात्री हूँ
मैं ही विनाश हूँ
मैं खोई हुई उम्मीदों की आस हूँ
मैं टूटे हुए रिश्तों का ख्वाब हूँ
       मैं प्रेम का मधुर नाद हूँ
मैं ही उस प्रेम का विवाद हूँ
मैं रूठे हुए अपनो का आत्मसम्मान हूँ
मैं ही भारत माँ का स्वाभिमान हूँ
       लक्ष्मी सिंह

10

मैं खामोश नहीं
ना तो ये मेरी कहानी है
जो हार कर भी जीत
जाये बस वही मेरी जिंदगानी है
मुफलिसी मे भी
एक किरदार निभाना है
अपने अल्फाजों से
दुनिया को हराना है
"लक्ष्मी" एक सुखनवर है ये
सबको बताना है
मजारो मे खुदा को
ढूंढ रहे है लोग लेकिन
खुदा तो दिल में हैं
यही बात तो समझाना है
चलो मान लिया मैने कि रूसवाईयों का दौर चला है
बस अपनी मोहब्बत
से इसको भी मिटाना है
कलाम -ए- मोहब्बत तो
लिखा है मैने भी
अब उसी कलम से रूठे हुए जीगर के टुकड़े को मनाना है

11

मैं बन जाऊं गंगा की लहरे
तुम भी बनारस का अस्सी घाट बनों
    शिव से शुरूआत मेरी हो
शिव पर मेरा अंत भी हो
    गंगा की अविरल धारा हो और
शिव शक्ति साथ मे हो
    मेरा भी जीवन संवर जाये
बस इन दोनों का हाथ मेरे सिर पर हो
    अंत मेरा आरंभ बने
आरंभ कभी मेरा अंत न हो
    मैं शिव की पूजारी हूँ
मुझे शिव की पूजारी रहने दो

12

तेरे नाम को अपना नाम दिया

तुझसे जीवन का आधार मेरे

मै तेरी हूँ तेरी ही रहूँ

चाहे दुनिया मुझसे कुछ भी कहे

सांसे चलती रहती है और

नब्ज कभी रूकती ही नहीं

सीने में जो दिल मेरे है

वो धड़कता है बस तेरे लिए

लक्ष्मी की तुम परछाई हो

परछाई बन कर ही रहना

जब तक सांसे है मेरे तन मे

तब तक मेरे संग तुम यूँ ही रहना

तुम खामोशी के मंजर हो

मैं शब्दों की गहराई हूँ

तुम धड़कन हो मेरे दिल की

ये तुमको बताने आयीं हूँ

13

सबके दर्द को शहर मिल गये
और मेरे दर्द को सज़र मिल गये
दर्द को कागज़ के पन्नों पर कुछ यूँ उतारा मैंने
कि गालिब दर्द पर गजल लिख गये
दर्द को दर्द न कहा जाये तो क्या कहा जाये
दर्द अपनों ने जो दिया तो क्या किया जाये
लिख कर दर्द- ए- दास्ताँ
दर्द को भी तराशा जाये
सबब अगर कोई पूछे दर्द का
तो दर्द- ए- जिन्दगी की महक बताया जाये
(पाकीज़ा)

14

मेरे रोने पर वो हंस देता है
उसकी इसी अदा ने तो मेरा दिल जिता है
    मैं कितना भी छुपाऊँ अपने गमों को
लेकिन वो मेरी नजरों को देख सब कुछ समझ लेता है
    मेरे खामोश रहने पर
वो मेरी आवाज बनने की कोशिश करता है
    सुनो ना वो तुम्हीं हो
जिसके बारे में सोच कर मेरा दिन गुज़रता है

17

क्या सोच रहे हो
क्यूँ मुस्कुरा कर देख रहे हो
कुछ अलग बात है क्या
तुमसे मिलने के बाद खुश रहना सिख लिया मैने
यही खुशियों की सौगात है क्या
मेरे टूटे हुए दिल को
अपने दिल से जोड़ लिया है तुमने
क्या यही हमारे मोहब्बत की शुरुआत है क्या

18

मेरी यादों को वो मेरे खतों के साथ जला रहा होगा
मुझसे दूर होकर वो अपने माँ बाप के नजर मे एक
आदर्श बेटा होने के खिताब को जीत रहा होगा

अपने हाथ में किसी और का हाथ थामें सात फेरो के साथ सात वचन
और सात जन्म साथ रहने के वादे को निभा रहा होगा

और उस हिज्र की रात अपने हमसफ़र के साथ मुझपे ना जाने कितने
इल्जाम लगा रहा होगा मेरी बुराइयाँ करके उससे अपने पवित्रता का पाठ
पढ़ा रहा होगा

जिसकी आंखों में चंचलता और होठों पर खामोशी हुआ करतीं थीं वो
सांवली सी लड़की कभी मेरी जिंदगी हुआ करती थी ये बात एक रोज़ वो
अपने बच्चों को बता रहा होगा

मेरा जिक्र करते - करते उसकी आंखें नम हो गई होंगी
रो कर भी वो अपने आंसूओ को बच्चों से छिपा रहा होगा फिर छुप - छुप
कर मेरे अल्फ़ाज़ों को मेरी किताबों मे पढ़ रहा होगा

उन अल्फाजो में मेरी खुशबू को महसूस कर वो एक बार फिर मेरी
वजह से मुस्कुरा रहा होगा

19

क्यूँ महफूज नहीं हूँ मैं
क्या रसोई और बिस्तर तक मेरी कहानी है
     ऐ दुनिया के मालिक तू ही बता
क्या औरत को जिन्दगी ऐसे ही डर - डर के बितानी है
     क्या गुजरी होगी उस कोमल तन पर
जब दरिन्दों ने उसे नोचा होगा
     कैसे खुद को सम्भाला होगा उस माँ ने
जिसकी बेटी के साथ ये हादसा हुआ होगा
     न्याय करो हे न्यायाधीश
उस बेटी को इंसाफ दिलाओ
     जैसे वो चीख़ी तड़पी होगी
उन दरिन्दों को भी उसी तड़प से अवगत करवाओ

20

छुपा के अपने गमों को
मैं अपने एहसास लिखूं रहीं हूँ
    तेरी गैरमौजूदगी मे
तेरे कहे हुए अल्फ़ाज़ लिख रहीं हूँ
    दिल के कई टुकड़े हुए फिर भी
मैं अपने ही कलम से अपने जज्बात लिख रहीं हूँ

www.ingramcontent.com/pod-product-compliance
Lightning Source LLC
Chambersburg PA
CBHW020852160726

47993CB00004B/1613